SNEL GELD IN

EEN MAAND.

SNEL GELD IN EEN MAAND

Door: D.K. Hawkins
Serie "Snel Geld"
Versie 1.1 ~november 2022
Gepubliceerd door D.K. Hawkins bij KDP
Copyright ©2022 door D.K. Hawkins. Alle rechten voorbehouden.

Niets uit deze uitgave mag worden verveelvoudigd, verspreid of overgedragen in enige vorm of op enige wijze, waaronder fotokopieën, opnamen of andere elektronische of mechanische methoden of via enig informatieopslag- of gegevenszoeksysteem, zonder voorafgaande schriftelijke toestemming van de uitgevers, behalve in het geval van zeer korte citaten in kritische recensies en bepaald ander niet-commercieel gebruik dat door de auteurswet is toegestaan.

Alle rechten voorbehouden, inclusief het recht op gehele of gedeeltelijke reproductie in welke vorm dan ook.

Alle informatie in dit boek is zorgvuldig onderzocht en gecontroleerd op feitelijke juistheid. De auteur en uitgever geven echter geen garantie, expliciet of impliciet, dat de informatie in dit boek geschikt is voor elk individu, situatie of doel en aanvaarden geen verantwoordelijkheid voor fouten of weglatingen.

De lezer aanvaardt het risico en de volledige verantwoordelijkheid voor alle handelingen. De auteur is niet verantwoordelijk voor enig verlies of schade, hetzij gevolgschade, incidenteel, speciaal of anderszins, die kan voortvloeien uit de informatie in dit boek.

Alle afbeeldingen zijn vrij te gebruiken of gekocht van stockfotosites of vrij van royalty's voor commercieel gebruik. Ik heb me voor dit boek gebaseerd op mijn eigen waarnemingen en op vele verschillende bronnen, en ik heb mijn best gedaan om de feiten te controleren en de eer te geven waar die toekomt. In het geval dat materiaal is gebruikt zonder de juiste toestemming, neem dan contact met mij op zodat de vergissing kan worden gecorrigeerd.

De informatie in dit boek dient uitsluitend ter informatie en is niet bedoeld als bron van advies of kredietanalyse met betrekking tot het gepresenteerde materiaal. De informatie en/of documenten in dit boek vormen geen juridisch of financieel advies en mogen nooit worden gebruikt zonder eerst een financiële professional te raadplegen om te bepalen wat het beste is voor uw individuele behoeften.

De uitgever en de auteur geven geen enkele garantie of andere belofte met betrekking tot de resultaten die kunnen worden verkregen door het gebruik van de inhoud van dit boek. U mag nooit een investeringsbeslissing nemen zonder eerst uw eigen financieel adviseur te raadplegen en uw eigen onderzoek en due diligence uit te voeren. Voor zover wettelijk toegestaan wijzen de uitgever en de auteur alle aansprakelijkheid af in het geval dat informatie, commentaar, analyse, meningen, adviezen en/of aanbevelingen in dit boek onnauwkeurig, onvolledig of onbetrouwbaar blijken te zijn of resulteren in beleggings- of andere verliezen.

De inhoud van dit boek is niet bedoeld als en vormt geen juridisch advies of beleggingsadvies, en er wordt geen advocaat-cliënt relatie gevormd. De uitgever en de auteur verstrekken dit boek en de inhoud ervan op een "as is" basis. Uw gebruik van de informatie in dit boek is op eigen risico.

INHOUDSOPGAVE.

INHOUDSOPGAVE. 4

INLEIDING. 6

TOP MANIEREN OM SNEL GELD TE VERDIENEN IN EEN MAAND. 8

   1. Gebruikte artikelen verkopen. 8

   2. Telemarketing. 10

   3. Huis Flipping. 14

   4. Freelance schrijven. 17

   5. Gegevensinvoer. 21

   6. Part-Time Kantoor Schoonmaken. 23

   7. Reclame voor voertuigen. 27

   8. In een maand geld verdienen als affiliate. 29

   9. Vuilnis ophalen in uw buurt. 35

   10. Onroerend goed. 37

   11. Digitale productmarketing. 41

   12. Artikelen schrijven. 45

   13. Flippende websites. 48

   14. Online grafiek. 51

   15. Gratis e-mailaanbiedingen. 54

   16. Tapijtreinigingsbedrijf. 58

   17. Ebooks schrijven. 61

   18. Betaalde enquêtes. 65

19. FX Handel. 68

20. Lijstopbouw. 72

21. Fotografie. 79

22. Persbericht. 83

23. eBay. 87

24. Marketingvideo's en video-websites. 91

25. Gemengde onderneming. 94

26. Online veilingen. 100

27. Verwijzingen. 102

CONCLUSIE. 104

INLEIDING.

Als u begrijpt hoe u binnen een maand snel veel geld kunt verdienen, kunt u op een goudstapel zitten voordat uw buurman uw plan ontdekt.

Tijd doorbrengen op het internet zal u blootstellen aan vele technieken om snel geld te verdienen. U moet zich er echter van bewust zijn dat deze benaderingen vaak gevaarlijk zijn. In sommige gevallen kunt u ook de inhoud van uw portefeuille verliezen. Vraag uzelf in zo'n geval af of het gevaar het nemen waard is.

De beste aanpak om te leren hoe u snel veel geld kunt verdienen is in het meer te springen en uw voeten nat te maken. Experimenteer met de in dit boek besproken methoden en kijk of het zoveel geld oplevert als wordt beweerd. U zult geen groot verlies lijden als het mislukt, want er staat weinig op het spel. Maar stelt u zich eens voor hoe uw financiën eruit zouden zien als een van deze strategieën een meesterzet zou blijken te zijn. Hoe meer u erover nadenkt, hoe meer u ze zult vermijden.

Er zijn talloze voorbeelden van dit concept te vinden op internet. U kunt geloven dat sommige ervan onbereikbaar zijn. Maar wat maakt het uit? Je kunt nog steeds proberen miljoenen dollars te krijgen!

Als je snel geld nodig hebt binnen een maand, probeer dan wat ik heb gedaan. Ik verdien vandaag meer geld dan in mijn vorige bedrijf, en dat kan jij ook, als je dit boek grondig leest.

Stel je voor dat je elke maand je geld verdrievoudigt met verwaarloosbaar of geen risico! Lees de concepten die in dit BOEK worden besproken om uit te vinden HOE u kunt beginnen uw kapitaal samen te stellen in de richting van uw eerste miljoen dollar met behulp van de eenvoudige ideeën om geld te verdienen die erin worden opgesomd.

Laten we beginnen.

TOP MANIEREN OM SNEL GELD TE VERDIENEN IN EEN MAAND.

1. Gebruikte artikelen verkopen.

Misschien is de kabelrekening deze maand hoger dan normaal, of hebben onvoorziene uitgaven uw financiën uitgeput. Ongeacht de reden, velen van ons hebben een paar extra dollars nodig om ons over te houden tot payday. Hoe sneller we deze inkomsten kunnen genereren, hoe beter. Doorverkoop van gebruikte goederen kan een van de eenvoudigste manieren zijn om snel geld te verdienen. Er zijn echter andere opties.

Het is een veel voorkomende misvatting dat wederverkoop geen succesvolle manier is om geld te verdienen; het kan gemakkelijk worden omgezet in een continue inkomstenstroom. Als u eerlijk bent, hebt u waarschijnlijk veel goederen die u niet meer gebruikt. Alleen kennis, ambitie en toewijding zijn nodig voor succes. Een garageverkoop is waarschijnlijk een van de eenvoudigste manieren om dit proces op gang te brengen.

Als je iets als de rest van ons, uw garage is ongetwijfeld gevuld met onnodige items. Het maakt niet uit wat het ding is of de staat waarin het verkeert. U kunt versteld staan van het aantal mensen dat geïnteresseerd is in het kopen van uw kapotte grasmaaier of uw uitverkochte boek.

Als je eenmaal van al je waardevolle rommel af bent, kun je andere garageverkopen gaan bezoeken op zoek naar verkoopbare spullen. Veel mensen houden hun garageverkoop nu op het internet, via websites zoals eBay, die u in contact brengen met kopers over de hele wereld en uw succes bijna garanderen.

2. Telemarketing.

Telemarketing is een goede manier om snel in een maand gemakkelijk geld te verdienen, ervan uitgaande dat het bedrijf legaal is en het doel van de telemarketinggesprekken in het bijzonder, in tegenstelling tot het simpelweg bellen van willekeurige telefoonnummers in hun database in een poging iets te verkopen.

De belangrijkste voorwaarde voor een telemarketing executive is goede communicatieve vaardigheden. Pas afgestudeerden met aanleg voor de desbetreffende taal en een goede stem zijn zeer gewild in de telemarketingindustrie. Dit is dus een carrière die de meeste jongeren wensen.

Het werven van een sollicitant voor telemarketing is vrij eenvoudig, aangezien de sollicitatie-, sollicitatie-, selectie- en inwerkprocedures allemaal eenvoudig en snel zijn. De financiële beloning voor telemarketingwerk is redelijk, inclusief loon en andere vergoedingen en voordelen.

Over het algemeen wordt bij telemarketingwerk de klok rond gewisseld om rekening te houden met verschillende tijdzones. Daarom ontvangen afgestudeerden, meestal mannen, die bereid zijn nachtdiensten te draaien, andere vergoedingen en voordelen. Dit is een enorm voordeel voor pas afgestudeerden die de kans met beide handen aangrijpen.

Hoewel er vele soorten telemarketing bestaan, is verkoop op commissiebasis het populairst, omdat deze andere stimulansen biedt. Elk individu in de verkoopafdeling krijgt een maandelijks of dagelijks doel, wat de werknemer ertoe aanzet naar zijn doel toe te werken.

De werknemer ontvangt een aanzienlijke commissie en een basisloon als de doelstellingen worden gehaald of overtroffen. Verkoop is het moeilijkste aspect van telemarketing, maar veel jongeren kiezen er tegenwoordig voor, ongeacht hun geslacht, vanwege de uiterst verleidelijke beloningen.

Door de wereldwijde populariteit van telemarketingkansen zijn grote bedrijven begonnen hun telemarketingprofielen uit te besteden aan gespecialiseerde contactcentra die zich richten op klantenbinding.

Het feit dat deze grote bedrijven call centers onder hun merknaam beheren, verhoogt de geloofwaardigheid van telemarketing jobs. Deze telemarketing jobs zijn niet fysiek veeleisend en brengen niet veel spanning met zich mee. Het gaat erom lief te spreken en met succes nieuwe klanten te werven of oude klanten te behouden.

Voor de meeste telemarketingbanen is ten minste een bachelordiploma vereist; daarom zijn er veel sollicitanten. De telemarketingsector heeft zich stevig gevestigd in de marketingwereld en heeft de traditionele marketingindustrie naar een verre tweede plaats verdrongen.

Deze sector heeft veel nieuwe concepten voortgebracht. Telemarketingbanen die vanuit huis kunnen worden uitgevoerd zijn de nieuwste trend die aan populariteit wint. Deze mogelijkheden geven vrouwen en senioren een handige manier om thuis geld te verdienen.

Bij telemarketing gaat het niet alleen om gemakkelijk geld verdienen en snel een baan krijgen. Telemarketingprofielen zijn veel gemakkelijker te krijgen dan de meeste andere; daarom blijft deze roeping favoriet bij jongeren.

3. Huis Flipping.

Veel mensen zijn geïnteresseerd in geld verdienen door huizen te verkopen. Alles kan met winst worden verkocht, niet alleen huizen. Een huis kopen tegen een lage prijs en het voor een hogere prijs doorverkopen aan een geïnteresseerde koper is een geweldige methode om geld te genereren. Het meest kritische aspect is het vinden van een klant die geïnteresseerd is en bereid is genoeg te betalen om winst te maken.

Momenteel is het omkatten van huizen een lucratieve manier om inkomsten te genereren. Veel mensen zijn geïnteresseerd in het kopen van lage prijzen en het met winst doorverkopen van woningen aan andere kopers. Dit is een vorm van fulltime werk voor een verrassend aantal mensen. Zij verdienen aanzienlijke maandelijkse commissies door huizen te flippen.

Een negatief aspect van deze industrie is de intense concurrentie en het inherente risico. Vaak moet een handelaar die een huis heeft gekocht voor de wederverkoop het voor langere tijd onderhouden bij gebrek aan klanten. Zelden kunnen zij personen vinden die geïnteresseerd zijn in het verwerven van een woning van hen.

Dit kan leiden tot aanzienlijke verliezen voor de wederverkoper of dealer. Ook moeten wederverkopers hun prijzen zo laag mogelijk houden bij hevige concurrentie om snel en gemakkelijk een huis te kunnen flippen.

Er zijn vele mogelijkheden om in deze bedrijfstak succes te boeken. Dit betekent echter niet dat het moeilijk is om geld te verdienen met het omzetten van huizen. Als je strategisch en goed georganiseerd bent, kun je hier genoeg geld mee verdienen.

- Huurovereenkomsten, rent-to-own programma's, enz. zijn enkele keuzes die u kunnen helpen snel geld te genereren en potentiële kopers aan te trekken.

- U moet ook uw specifieke markt identificeren om effectiever te functioneren na de marktomstandigheden.

- Koop een huis dat moet worden gerepareerd of incompleet is. Dit is gemakkelijk en betaalbaar beschikbaar en kan u helpen snel winst te genereren wanneer u ze gemeubileerd verkoopt.

- In dit geval moet echter aandacht worden besteed aan de ligging van het huis. De ideale ligging van een woning kan u helpen deze voor een hogere prijs te verkopen.

In elk scenario moet u beschikken over voldoende deskundigheid op het gebied van vastgoedinvesteringen. Ook moet u de prijzen van reparaties en herinrichtingen zorgvuldig evalueren. Nogmaals, onderschatting kan leiden tot verliezen.

4. Freelance schrijven.

Hoe meer je schrijft, hoe meer geld je verdient, zo luidt de logica. Met de juiste mentaliteit is het eenvoudig om meer te schrijven en meer geld te verdienen.

Je hebt oplossingen nodig die je in staat stellen te componeren tijdens je aangewezen schrijftijd.

Ik heb mijn processen bijgeschaafd en blijf dat doen om meer te schrijven en meer geld te verdienen. Mijn doel is mijn maandelijkse schrijfinkomsten te verdubbelen en zo mogelijk te verviervoudigen.

Jij moet dit ook doen. Je bent een individu met bevoegdheden en een beperkte tijdslimiet. Maak een systeem dat voor jou goed werkt. Pas het aan naarmate je meer schrijft en meer geld verdient met je woorden.

Maar je moet je concentreren op je denken voordat je je systeem ontwerpt.

Hier zijn vijf aanbevelingen om u te helpen de juiste mentaliteit te creëren om uw maandelijkse schrijfinkomsten te verhogen of te verdrievoudigen:

Plan je tijd - één woord per keer; je maakt geld.

Doelen zijn OK, maar ze kunnen niet "gedaan" worden. U kunt alleen taken uitvoeren die bijdragen tot het bereiken van uw doelstellingen. Plan elke taak en houd je aan het plan. Mijn huidige planningshulpmiddelen zijn iCal op mijn Mac en het webprogramma BackPack.

Droom groot - je kunt alleen bereiken wat je beoogt.

Je doelen moeten ambitieus genoeg zijn om je te intimideren. Dan moet je eraan wennen om je voor te stellen hoe je leven eruit zal zien na het bereiken van een bepaald doel. Stel jezelf voor op deze nieuwe locatie.

Je creativiteit is fantasierijk. Volgens sportdeskundigen, als je succes kunt zien, kun je het bereiken. Breng daarom dagelijks door met jezelf te visualiseren dat je je huidige Grote Droom hebt bereikt.

Maak u geen zorgen over HOE u de droom zult bereiken. Je zult de middelen ontdekken terwijl je verbeelding de visie tot leven brengt.

Blijf je doelen uitbreiden, zelfs nadat je ze hebt bereikt.

Als u eenmaal gewend bent geraakt aan het nastreven van uw Grote Droom en er vertrouwen in hebt dat u die zult bereiken, breid hem dan uit. U moet doelstellingen opbouwen die verder gaan dan uw doelstellingen. Als u dit niet doet, zult u terugkeren naar de veilige, zekere en weinig veeleisende routine van vóór uw doel.

Anticipeer op een ongemakkelijk en verward gevoel.

Verwarring is positief. Je brengt te veel tijd door in je comfortzone als je niet minstens een kwart van je tijd verbijsterd doorbrengt en je afvraagt waar je mee bezig bent. Je bent verbijsterd over marktplaatsen, je schrijven, en hoe je een project samenstelt. Verwarring is niet alleen positief; het is fantastisch, het geeft aan dat je je comfortzone hebt verlaten. Blijf schrijven; wat je vandaag verwarrend vindt, wordt morgen routine.

Doe het gewoon - Bespreek je schrijven niet.

Schrijvers hebben de neiging tot overdreven breedsprakigheid. Vragen om geruststelling of zelfs opscheppen gaat moeiteloos. Helaas zijn de mensen aan wie je advies vraagt zelden gekwalificeerd om het te geven. Ook al zijn ze goed bedoeld, ze zullen uw inspanningen ondermijnen, en degenen aan wie u opschept zullen snel uw vijanden worden; het is de menselijke natuur.

Stop met praten en begin met schrijven. Het is het schrijven dat telt.

Dus daar heb je het: cultiveer de juiste mentaliteit, en je zult niet alleen meer schrijven, maar ook gemakkelijk je maandelijkse inkomsten verdubbelen of verdrievoudigen.

5. Gegevensinvoer.

Data entry taken zijn in de loop der tijd sterk geëvolueerd. Veel van de huidige werknemers in deze sector zijn niet-traditioneel en vereisen geen expertise, zoals bij data entry jobs. Deze winstgevende banen betreffen het plaatsen van internetadvertenties om webbedrijven te promoten.

Hoewel deze beroepen steeds populairder worden, weten veel mensen niet dat ze bestaan. Ze zijn perfect voor huisvrouwen en huismoeders vanwege hun flexibiliteit en vrijheid. Tienduizenden online bedrijven maken dagelijks gebruik van deze amateurtypisten en betalen behoorlijk goed.

Vacatures voor gegevensverstrekking bestaan al enkele jaren, maar de systemen zijn sinds 2005 aanzienlijk geëvolueerd en verbeterd. Bij het zoeken naar dit soort werk is het altijd een goed idee om te shoppen, want sommige organisaties gebruiken verouderde trainingsmethoden die niet werken.

Dingen veranderen na verloop van tijd als het gaat om marketing, en iets wat vorig jaar voor u werkte, werkt dit jaar misschien niet meer. Een nieuwkomer zou dit niet weten, dus het is belangrijk om onderzoek te doen voordat u een internetbedrijf begint. Het vinden van een betrouwbaar data entry bedrijf is als het vinden van een naald in een hooiberg, maar als men er een ontdekt, kan het een levenslang beroep zijn.

Niet-traditionele data entry is de beste optie voor iedereen die een parttime of fulltime inkomen zoekt. Het is de eenvoudigste manier om relatief snel een internetinkomen te verdienen zonder website. Men kan ervoor kiezen om een paar uur per week tot vele uren per dag vanuit huis te werken en toch een behoorlijk maandelijks inkomen te verdienen.

6. Part-Time Kantoor Schoonmaken.

U zult het er toch mee eens zijn dat de mooiste baan ter wereld een baan is waarbij u voor uzelf werkt, uw uren bepaalt en uw salaris elk jaar ziet verdubbelen of verdubbelen, maar waar en hoe begint u?

Begin een bedrijf dat kantoren schoonmaakt! Surfen op internet overstelpt je met opties, waarvan de meeste op zijn best dubieus zijn. U kunt zich echter aansluiten bij degenen die een fulltime inkomen verdienen met parttime werk zonder het risico dat daarmee gepaard gaat.

Iedereen kan schoonmaken, maar "de rekeningen krijgen" is essentieel. Voordat u probeert uw eerste account te krijgen, moet u de paar goederen hebben die nodig zijn om een kantoor schoon te maken en een professionele dienstverleningsovereenkomst. Dit contract moet specificeren wat wordt schoongemaakt, hoe het wordt schoongemaakt, wanneer het wordt schoongemaakt, etc., en de kosten. Niet per uur, maar per project!

Controleer uw nationale en lokale voorschriften en verordeningen om te bepalen of er aanvullende vereisten zijn voor schoonmaakpersoneel, zoals garanties en vergunningen. In het contract moeten aansprakelijkheid, betalingsregelingen, annulering en andere juridische kwesties worden geregeld. Er zijn veel voorbeelden hiervan te vinden op het internet.

Werf nu consumenten. U kunt beginnen met eenvoudige advertenties in lokale advertenties of folders. Maak een aantrekkelijke, professionele flyer met de naam van uw bedrijf, wat u zult uitvoeren, uw naam (en of u gebonden bent), contactgegevens, en een verklaring dat u bereid bent om naar de locatie te komen om hun behoeften te bespreken en een offerte in te dienen.

Richt je op kleinere kantoorgebouwen en kantoorcomplexen. Vraag de managers van enkele kantoren of ze tevreden zijn over de netheid van hun werkplek. Informeer of er een gebouwbeheerder bestaat en hoe die te bereiken is. Doe dit bij meerdere kantoren in het pand om beter te begrijpen hoe goed de bestaande schoonmaakdienst presteert.

Benader vervolgens de manager en vraag om een gesprek of een afspraak. Breng uw flyer, visitekaartje en introductiebrief mee naar het gesprek. Nadat u een paar klanten hebt binnengehaald, zult u een lijst met referenties en getuigenissen willen opnemen.

Zodra je een paar tevreden klanten hebt, kun je getuigenissen en aanbevelingen vragen. Zorg ervoor dat ze betrouwbaar zijn, gebonden, en snel en betaalbaar werken! Als uw bedrijf uitbreidt, zult u hulp nodig hebben.

Zorg ervoor dat u bestudeert wat u moet doen als werkgever, inclusief belastingen, werknemerscompensatie, enz. Bereid ook een back-up plan voor als een of meer van uw werknemers op een avond afwezig zijn. Maar u kunt ook klein blijven en volledig op uzelf en uw gezin vertrouwen.

Parttime kantoor schoonmaken kan zorgen voor het andere geld dat je nodig hebt. U werkt 's avonds een paar uur en kunt dagelijks, wekelijks of maandelijks betaald worden. Het is een relatief snelle, goedkope en gemakkelijke aanpak om meer inkomen te creëren. Probeer het eens!

Hoe eerder je begint, hoe eerder je binnen een maand extra geld verdient! Kate Carpenter maakt al meer dan tien jaar werkplekken schoon en heeft haar jaarlijkse inkomsten met tienduizenden verhoogd zonder veel tijd of geld te investeren. Kantoor schoonmaken is een van de grootste en eenvoudigste manieren om geld te verdienen.

7. Reclame voor voertuigen.

Tijdens de zomer is iedereen op zoek naar manieren om snel geld te verdienen. Er is geen noodzaak om een baan te krijgen of een nieuwe vaardigheid te leren wanneer autoreclame kan snel geld. Met behulp van een revolutionaire nieuwe vorm van reclame, bedrijven nu betalen u om advertenties weer te geven op uw voertuig.

Wilt of nodig een auto, maar niet hebben? Bedrijven zijn bereid om gloednieuwe auto's te kopen met vooraf aangebrachte advertenties voor u om te rijden. U hoeft alleen gas en verzekering te betalen.

Er zijn geen voorwaarden, alleen hard geld. Het vereist alleen dat u gaat over uw dagelijkse activiteiten. Gewoonlijk moet er 200 tot 300 mijl per maand worden gereden, maar dat kan gemakkelijk door naar het werk, het winkelcentrum of waar dan ook te rijden. Dit is de primaire voorwaarde en daaraan wordt gemakkelijk voldaan, zodat u elke maand een aanzienlijke hoeveelheid snel geld kunt ontvangen.

Voordat u een bedrijf inhuurt, moet u nagaan of zijn website legitiem is. Veel websites adverteren met absurde inkomens, zoals 6.000 dollar per maand. U zult geen BMW's of Corvettes ontvangen, maar eerder een gloednieuwe auto.

Meestal ligt de gemiddelde maandelijkse geldstroom tussen de 600 en 800 dollar. Dit hangt af van de auto die u bezit, de bevolkingsdichtheid van uw stad, en het gemiddelde aantal kilometers dat u elke maand rijdt.

Dit is echter slechts tijdelijk geld dat u elke maand ontvangt. Als je een grote Truck bezit, ontvangen ze aanzienlijk meer, tussen de $ 2.000 en $ 3.000 per maand als het hele voertuig verzekerd is.

8. In een maand geld verdienen als affiliate.

Het genereren van online inkomsten is over de hele wereld explosief gestegen in populariteit. Aangezien miljoenen mensen het internet gebruiken om producten en diensten te zoeken, hebben veel bedrijven en particulieren hun activiteiten online verplaatst. Tegelijkertijd zoeken veel gebruikers naar mogelijkheden om snel en gemakkelijk geld te verdienen. Bent u op zoek naar dergelijke concepten? Hier leert u hoe u in één maand geld kunt verdienen.

In werkelijkheid is online geld verdienen niet zo eenvoudig, maar er zijn een paar zeldzame geheimen voor het verdienen van geld die snel opmerkelijke resultaten kunnen opleveren. Dit is wat de meeste mensen verlangen.

In uw zoektocht naar een levensvatbare methode om geld te genereren in een maand, moet u zich realiseren dat u de acties van duizenden mensen moet repliceren. U kunt echter binnen een maand enorme rijkdom vergaren omdat u de techniek anders moet toepassen. Zoals u in dit deel zult ontdekken, is het verschil meestal bescheiden, maar kan het uw leven aanzienlijk beïnvloeden.

Nu, het fundamentele concept is affiliate marketing. Als je op dit moment gefrustreerd raakt omdat je over een zwaar verzadigd onderwerp leest, mis je de unieke gedachte die volgt. Als onthullen hoe je geld verdient in een maand je ultieme doel is, moet je dit businessplan kiezen.

Hier zijn de eenvoudige en efficiënte maatregelen die u moet nemen om in één maand een enorm inkomen te verdienen:

Onderzoek een winstgevende niche en registreer een pakkende, trefwoordrijke domeinnaam. Kies tussen de.com of de.info extensie. U zou de.com extensie moeten kiezen omdat deze professioneler overkomt en meer doorkliks genereert dan andere extensies. Een domeinnaam mag niet meer dan 125 dollar per jaar kosten.

Gebruik uw gekozen niche als leidraad, zoek een product dat een hoge commissie biedt voor leads die via uw affiliate link worden gegenereerd. Succes komt van het selecteren van de meest lucratieve niche met een hoog conversiepercentage. Zoek daarom een gerenommeerd CPA (kosten-per-actie) netwerk en maak een affiliate account aan.

Waarom zou u cost-per-acquisition aanbiedingen promoten in plaats van pay-per-sale aanbiedingen?

Vergeet niet dat er een vast antwoord is op de vraag hoe je in een maand geld kunt verdienen. Bij CPA affiliate marketing hoef je je geen zorgen te maken over terugboekingen of terugbetalingen, omdat de leads die je produceert niets hoeven te betalen.

Zodra leads hun contactgegevens verstrekken op de squeeze page, zullen ze worden toegevoegd aan de mailinglijst van het bedrijf dat u vermarkt, en u ontvangt commissies voor succesvolle inschrijvingen.

Een tweede reden waarom CPA aanbiedingen zijn een prachtige methode om te beginnen met affiliate marketing is dat veel mensen zoeken gratis aanbiedingen. Daarom zullen ze zich inschrijven voor hen gemakkelijk op squeeze pagina's.

U moet oppassen voor oplichters bij het zoeken naar CPA-aanbiedingen in uw niche. Ook zijn niet alle echte winstgevend. Je kunt ze uittesten door verkeer naar elk aanbod te sturen totdat je het voordeligste aanbod vindt.

Als blogger moet u uw CPA-links in uw blogberichten invoegen. U kunt ook relevante banners gebruiken. Configureer eenvoudig de URL-omleiding vanuit het dashboard van uw domeinaccount als u die wilt gebruiken. Leid de affiliate link om naar de landingspagina van het product. In tegenstelling tot bloggen is slechts één link toegestaan.

PPC-marketingmethoden zijn de snelste manier om inkomsten uit een product of dienst te genereren. Als u van plan bent twee of meer CPA-aanbiedingen op de markt te brengen, moet u daarom unieke domeinnamen registreren. Als u een uiterst lucratieve aanbieding kunt krijgen, zou u zich met slechts één moeten kunnen redden. Zoek manieren om het te promoten via contextuele of grafische advertenties.

De volgende essentiële stap is het genereren van gericht verkeer naar uw link(s). Zonder verkeer is conversie onmogelijk. Het is mogelijk om verkeer te genereren op een of meer van de volgende manieren:

- Gebruik PPC-zoekmachines en PPV-netwerken als gerichte verkeersbronnen. Kies uit Adwords, MSN advertenties, en Yahoo! search marketing.
- Plaats online video's.
- Plaats rubrieksadvertenties, vooral voor sites die zijn omgeleid. Voor SEO doeleinden moet u het gebruik van geclassificeerde sites op uw blog minimaliseren. Gebruik in plaats daarvan subdomeinen.
- Gebruik goede artikelen om uw affiliate link(s) te promoten.

Na het opzetten van een succesvolle marketing campagne voor een CPA aanbieding, kunt u overgaan tot de promotie van een andere.

De hierboven geschetste technieken zouden uw vraag over hoe u geld kunt creëren in een maand moeten hebben beantwoord. De sleutel is te bepalen wat succesvolle individuen doen en daarop voort te bouwen. Ga nu voor uw fortuin!

9. Vuilnis ophalen in uw buurt.

Hoe kun je snel geld verdienen door de buurt schoon te maken: Het plan is om commerciële vuilnisbakken te krijgen. Ja, dit bedrijf verdient geld aan afval.

Na de aankoop van vuilnisbakken, installeer je ze in gebieden met veel voetgangersactiviteit. U verkoopt namelijk advertentieruimte op deze vuilnisbakken voor ongeveer 50 dollar per maand. U profiteert niet van het afval zelf, maar elke persoon die uw vuilnisbakken gebruikt is het equivalent van een storting op uw bankrekening.

Het doel is om veel vuilnisbakken te hebben. 100-500, bijvoorbeeld. Als u wilt dat dit een hands-free operatie wordt, moet u de bedrijfseigenaren vragen deze vuilnisbakken te legen als dat nodig is. U kunt een deel van de opbrengst van elke bak gebruiken om de overige arbeidskosten te dekken. Dit zal helpen bij het opruimen van het gebied en u laten profiteren van uw inspanningen.

Ook, als u denkt dat reclame op al deze vuilnisbakken onaangenaam zou zijn voor de kijkers, kunt u de advertentieruimte verkopen als een sponsoring, waarbij u bedrijven vraagt om een vuilnisbak te sponsoren en vraagt dat de kijkers onze sponsors steunen. Op deze manier helpen de bedrijven mee aan de schoonmaak van de stad, en zijn de burgers zich ervan bewust dat hiervoor creativiteit nodig is.

10. Onroerend goed.

Er zijn vele manieren om snel geld te verdienen in onroerend goed. Aankopen van noodlijdende eigendommen, zoals short sales, bank-owned huizen, en faillissementen, zijn de meest voorkomende. Deze eigenschappen zijn ideaal voor rehabilitatie, flipping, en groothandel.

Het kopen van afgeschermde eigendommen is snel gestegen naar de top van lucratieve vastgoedbeleggingen. Deze eigenschappen worden verkocht in openbare veilingen. De meeste vereisen reparaties en renovaties. Velen hebben belasting of schuldeiser pandrechten. Af en toe blijven huiseigenaren in hun huis totdat ze door de veilingverkoop worden uitgezet.

Investeerders moeten voldoende onderzoek verrichten om de exacte kosten van de aankoop van afgeschermde woningen vast te stellen. De opheffing van pandrechten of de uitzetting van voormalige huiseigenaren kan een tijdrovende en dure aangelegenheid zijn. Als de woning echter al maanden leegstaat en er geen pandrechten op rusten, kunnen afgeschermde woningen een behoorlijk rendement opleveren.

Wanneer er geen aanbiedingen worden ontvangen op een veiling voor afgeschermde huizen, wordt het huis teruggegeven aan de hypotheekverstrekker. Investeerders moeten nu omgaan met de afdeling verliesvermindering van de bank om het pand te verwerven.

Doorgaans is bank-eigendom hoger geprijsd dan afgeschermde woningen. Zodra de bank echter het bezit van de woning terugvordert, kan zij onderhandelen met de pandhouders om deze te verwijderen. De bank beheert het uitzettingsproces als de huiseigenaar in de woning woont.

Omdat ze worden verkocht met een schone titel, kosten bank-eigendommen doorgaans minder dan afgeschermde eigendommen. Investeerders kunnen snel bezit nemen van de woning en deze renoveren voor wederverkoop of verhuur.

Vastgoed groothandel is een van de beste manieren om snel geld te krijgen. Investeerders kopen woningen tegen prijzen onder de marktwaarde. Dit kan worden bereikt door het kopen van probate onroerend goed of bank portefeuilles met veel eigenschappen.

Groothandelaren verkopen woningen in hun huidige staat. Zij voeren geen reparaties aan woningen uit. In plaats daarvan verwerven zij woningen die gerenoveerd moeten worden, die zij vervolgens met winst doorverkopen. Winstmarges tussen 10 en 40 procent per woning zijn typisch voor vastgoeddistributeurs.

House flipping omvat het ontdekken van woningen die drastisch onder de marktwaarde zijn geprijsd, ze te herstellen en ze met winst te verkopen. Historisch gezien, huis flipping was de meest populaire strategie voor het maken van snel geld in onroerend goed. Met de huidige economische neergang moeten beleggers zorgvuldig de voor- en nadelen van deze strategie afwegen.

Om succesvol te zijn in huis flipping, moeten beleggers een robuust kopersnetwerk opzetten. Dit kan gedeeltelijk worden bereikt door lid te worden van onroerend goed clubs. Beleggingsclubs zijn een uitstekende locatie om gekwalificeerde kopers te vinden en exclusieve tips, methoden en technieken te ontdekken. Beleggingsclubs bieden vele mogelijkheden om partnerschappen en zakelijke partners te vinden.

Dit zijn een paar keuzes voor het bouwen van een solide vastgoed beleggingsonderneming die kan zorgen voor residuele inkomsten en lopende winsten. Internet, netwerken, en het abonneren op onroerend goed investeringen tijdschriften en nieuwsbrieven bieden een schat aan informatie aan beleggers die wensen om hun kennis uit te breiden.

11. Digitale productmarketing.

De verkoop van digitale artikelen, zoals rapporten, audiobestanden, videobestanden en eBooks, is een uitstekende mogelijkheid. Dit heeft het enorme voordeel dat er geen inventaris nodig is; u hoeft alleen tijd en geld te investeren in het maken van de eerste kopie, waarna het een gratis geldbron is. Deze kunnen op twee manieren inkomsten genereren:

De eerste is uit de verkoop van het product zelf of een abonnement erop. Dit levert inkomsten op per verkoop of per maand.

De tweede hoeft elkaar niet uit te sluiten, want eBooks en rapporten kunnen affiliate links bevatten. Als een klant uw product koopt en op een link klikt om een aanbevolen product te kopen, ontvangt u ook een commissie.

Deze markt is uiterst lucratief, en digitale producten worden steeds concurrerender. Hier zijn een paar suggesties om een voorsprong op de concurrentie te krijgen:

Kies iets waar je gepassioneerd over bent, iets waar je aanleg voor hebt. Als u van een onderwerp houdt, moet u er in de eerste plaats uitgebreide achtergrondkennis over hebben.

Als je geïnteresseerd bent in astrofysica, kun je leren over de planeten, het zonnestelsel, historische astrofysici als Kepler en Newton, enz.

Ten tweede, wees nauwkeurig met je spullen. Om te slagen in online marketing, moet je relevante en waardevolle informatie geven. Zorg ervoor dat u uw eigendom onderzoekt en in citaten verwijst naar materiaal van anderen. Het kopiëren van personen kan riskant zijn als ze de verkeerde informatie gebruiken.

Ten derde, raak niet off-topic. Mensen die uw informatie lezen zullen willen weten wat u hen heeft aangetrokken om te lezen.

Terug naar het astrofysica voorbeeld, neem aan dat uw informatie het label Astrofysica basis heeft. Bedenk welke vragen u op basisniveau zou stellen, bijv.

- Wat zijn de planeten in ons zonnestelsel?
- Hoe is het zonnestelsel precies ontstaan?
- Welke invloed heeft de zwaartekracht op het zonnestelsel?

Tenzij de titel dit aangeeft, moet u geen theorie en informatie opnemen die de meeste mensen kunnen begrijpen. Het laatste wat u wilt is dat iemand die informatie zoekt, op een pagina stuit met veel meer geavanceerde informatie dan hij aankan; het zal hem zeker helemaal van uw site wegjagen.

Mensen kunnen de informatie efficiënter sorteren door de informatie over elk onderwerp in een apart eBook of papier te zetten.

Als u iets gratis geeft, zijn mensen veel meer geneigd het te willen hebben, zelfs als het een link bevat naar een product dat ze kunnen kopen. Op deze manier zullen mensen uw materiaal lezen, en als het goed is, zullen ze vertrouwen in u ontwikkelen en eerder geneigd zijn het aanbevolen product te kopen.

Digitale producten in internet marketing kunnen moeilijk zijn, maar als je ze onder de knie hebt, is het een zeer lucratieve aanpak om snel online geld te verdienen.

12. Artikelen schrijven.

Veel mensen willen leren hoe ze geld kunnen verdienen met het maken van artikelen. Meestal adviseer ik hen om gedurende minstens drie maanden dagelijks één of meer artikelen te maken om op lange termijn een aanzienlijk inkomen te verdienen.

Maar hoe zit het met degenen die niet op zoek zijn naar aanzienlijke financiële winst op lange termijn?

Heb je pech als je snel een paar honderd dollar wilt verdienen?

Niet eens in de buurt Als je bekwaam bent in het schrijven van artikelen, is het uiterst eenvoudig om snel geld te genereren op het internet.

Ik gebruik Digital Point en Warrior Forum als voorbeelden van grote forums in mijn vakgebied. Eenmaal daar, navigeer naar de algemene marketing discussie forums. Bied aan om artikelen te schrijven om hen te helpen hun product te adverteren als ze vragen hebben over productmarketing. Plaats vervolgens een of twee berichten op elk forum met het aanbod om artikelen te schrijven voor anderen.

U zult niet rijk worden met deze methode. Maar u zei dat u gewoon een paar honderd dollar wilde, toch? De meeste mensen betalen tussen de $4 en $5 voor elk stuk, afhankelijk van de lengte, kwaliteit, enz.

Als u ervaring hebt, kunt u waarschijnlijk in ongeveer 30 minuten een artikel van 400 tot 500 woorden schrijven. U kunt dus relatief gemakkelijk vier artikelen per dag maken. Met de lagere schatting van $4 per artikel verdien je met deze methode ongeveer $480 per maand.

Om snel geld te verdienen door artikelen te maken, zijn forums je beste kans. Deze strategie heeft als bijkomend voordeel dat u uw voorwaarden kunt bepalen. Als een klant tien stukken nodig heeft, kunt u er vijf op de eerste dag schrijven en bij aflevering gedeeltelijke of volledige betaling vragen. Echter, in de meeste gevallen willen mensen de artikelen controleren voordat ze de betaling doen.

Als u niet graag tijd doorbrengt op forums, kunt u gebruik maken van een van de vele internetbedrijven die betalen voor artikelen. U zult echter niet veel meer verdienen bij deze organisaties, aangezien zij een deel van uw inkomsten ontvangen van elke transactie die u doet. Omdat deze bedrijven veel auteurs in dienst hebben, zou je niet snel veel geld verdienen.

13. Flippende websites.

Het flippen van websites en blogs is een methode om geld te verdienen op het internet die een initiële investering van tijd en geld vereist; u kunt echter winst maken door websites te flippen.

Bij het flippen van websites moet u een gefaseerde aanpak hanteren om geld te verdienen. Er zijn veel technische overwegingen en gespecialiseerde vaardigheden nodig voor het flippen van websites. U kunt een strategie volgen die een snelle en vuile mini-website maakt en in een paar uur tijd directe inkomsten omzet. Na het volgen van de procedures is het vrij eenvoudig om te beginnen met het flippen van websites.

Hier is een voorbeeld uit de handleiding met A tot Z informatie en instructies, waarin internetexpert en flipper Mr. X het volledige systeem demonstreert. U kunt alle gebeurtenissen in real time bekijken.

Vanaf het begin zult u een grondig begrip hebben van de methoden die nodig zijn om inkomsten te genereren door de verkoop van internetsites. Hier wordt een eenvoudig systeem beschreven.

- Hoe nieuwe onderwerpen te identificeren en gratis e-mails te krijgen voor andere informatie.

- Hoe u gratis de geschikte sleutelwoorden voor uw niche identificeert - Hoe u de onderwerpen kiest en specifieke onderwerpen vermijdt.

- Kennis van Google en MSN onderzoek en hoe het te geven.

- Bepaal de procedures voor de aankoop van domeinnamen en de essentiële zaken die bij de namen horen.

- Gratis hosting studie gebruikt voor website flipping.

- Hoe te lokaliseren SEO en rijden bezoekers naar uw websites.

- Ontvang geen kosten website sjablonen die geen codering kennis vereisen. - Leer hoe je site-inhoud verwerft zonder de zinnen zelf te maken.

- Drie essentiële elementen voor het monetariseren van uw website.

- Verwerf een strategie om de winst te verhogen van $300 naar $30.000 in zes maanden - Verkoop uw website zelfs als u geen winst heeft gemaakt - Veiling verkoop advies voor websites en blogs.

Waarom geef je website flipping geen kans? Het kan een winstgevende manier zijn om snel geld te verdienen binnen een maand.

14. Online grafiek.

Niet langer kunnen alleen professionele fotografen met duizenden dollars aan apparatuur adembenemende foto's maken. Veel mensen kunnen nu uitstekende foto's maken met een eenvoudige telefooncamera of een DSLR met hoge resolutie. U kunt een passief online inkomen genereren als u fotograaf bent of graag foto's maakt.

Op sommige websites kunt u uw foto's in elk formaat en met elke wijziging plaatsen. Na het uploaden van de foto's heb je anderen online toestemming gegeven om ze te gebruiken. Vermijd het gebruik van specifieke personen of locaties met uw adres of andere gevoelige informatie.

Zodra iemand een foto koopt, is hij vrij om deze op elke gewenste manier te gebruiken; u wilt dus niet dat uw persoonlijke informatie online wordt verspreid.

Gebruikers willen vaak beelden van objecten zoals bomen, verkeersborden, zonsondergangen, meubels, dieren, enz. U kunt een niche ontwikkelen op deze online fotosites als u gespecialiseerd bent in foto's en een uitgebreide collectie unieke variaties van hetzelfde object hebt.

Gebruikers van een website willen misschien een statische afbeelding op hun homepage of andere pagina's plaatsen. In plaats van het bedrijf te bezoeken of de nodige apparatuur te kopen om foto's van hoge kwaliteit te maken, kunnen ze die van u online kopen.

De meeste websites vragen een redelijke vergoeding, zodat bezoekers zonder aarzelen meerdere items kunnen kopen. Na betaling kan de klant de beelden opslaan in zijn bestand om ze op elk moment te gebruiken. Veel websiteontwikkelaars zullen een verzameling foto's hebben die ze mooi vinden, en zodra ze die vinden, zullen ze die kopen in plaats van te vergeten waar ze online stonden.

Deze websites voor het delen van foto's genereren passief geld voor fotografen die foto's uploaden. Eenmaal geüpload is uw beeld toegankelijk voor miljoenen gebruikers die het mogelijk nodig hebben en waarderen. Als twintig mensen uw afbeelding elke maand downloaden en de website u voor elke download compenseert, kunt u niet rijk worden, maar u hebt wel een inkomen.

U wilt dat uw werk wordt bekeken, en elke professionele of amateurfotograaf heeft foto's die ze voor extra geld zouden willen verkopen. Hoe meer beelden u verspreidt, hoe groter de kans dat uw inhoud wordt gebruikt, en hoe consequenter u passief geld ontvangt. Deze passieve inkomsten kunnen worden geherinvesteerd in uw fotografie, wat een fantastische methode is om uw werk met de wereld te delen.

15. Gratis e-mailaanbiedingen.

Ik verdiende 30 dollar in een paar uur door verschillende vervelende gratis enquêtes en e-mailabonnementen te doen op een site die betaalt voor enquêtes en aanbiedingen. Simpel gezegd verdiende ik gratis geld door een paar formulieren in te vullen met een ander Gmail-adres om te voorkomen dat ik essentiële communicatie verstoorde.

De Methode:

Zoek een website voor betaalde enquêtes/aanbiedingen en registreer je met je echte informatie (zodat ze je kunnen betalen, meestal via PayPal).

Registreer nieuwe of meerdere e-mailadressen die u alleen voor de enquêtes en aanbiedingen wilt gebruiken.

Kies een enquête of aanbieding uit de lijst van de website die u interesseert of die het snelst te voltooien lijkt.

Vul desgevraagd de gratis enquête of aanbieding in met uw echte gegevens (ik gebruik een vals telefoonnummer maar heb nog nooit ongewenste e-mail ontvangen met mijn echte adres).

Meld u aan voor een nieuwsbrief, doe mee aan een gratis geldinzameling en schrijf u in voor een forum.

Je kunt gevraagd worden naar je koopgedrag, favoriete computerspelletjes, enz.

Haal uw beloning van de site voor enquêtes/aanbiedingen.

In een paar uur tijd kunt u $30 verdienen als u deze taak volbrengt voor elk van de eindeloze aanbiedingen die zij aanbieden.

Soms, als u vrienden uitnodigt om mee te doen, krijgt u ook een deel van hun verdiensten, dus als u moe wordt van het invullen van aanbiedingen, kunnen uw vrienden het werk voor u doen.

Hoe werkt het?

Het is een eenvoudige zaak. Bedrijf A wil een enquête houden of reclame maken voor een gratis product. Hij belt een geld-voor-enquêtes/aanbiedingen website en vertelt hen dat hij een kleine vergoeding zal betalen als individuen meedoen of een enquête afmaken via hun site. De winstgevende site A aanvaardt het aanbod en plaatst het op zijn website. U voltooit de aanbieding op de website van het bedrijf. Zij ontvangen een vergoeding en delen een deel aan u uit.

Bedrijf A is blij dat iemand heeft deelgenomen aan een enquête of aanbieding. Winstgevende site A is blij omdat hij compensatie heeft ontvangen voor het doorverwijzen van u, en u bent blij dat zij u een deel van het geld hebben gegeven.

Deze strategie wordt meestal over het hoofd gezien vanwege haar eenvoud, maar levert toch een aanzienlijk maandelijks inkomen op.

De meeste sites accepteren PayPal of sturen u een cheque als uw saldo $25 bereikt, wat eenvoudig binnen een dag te bereiken is.

16. Tapijtreinigingsbedrijf.

Het tapijt- en tapijtreinigingsbedrijf is een van die kleine ondernemingen met relatief goedkope opstartkosten en sterke groeimogelijkheden gedurende het jaar.

Er zijn drie verschillende meetgebieden die moeten worden onderzocht bij het analyseren van een zakelijke mogelijkheid:

1. Het relatieve gemak van markttoegang - kunt u de concurrentie uitschakelen met superieure service en goedkope marketingstrategieën?

2. Opstartkosten in verhouding tot winstmogelijkheden - is er een comfortabel break-even punt dat een positieve geldstroom tijdens de opstartfase mogelijk maakt?

Welk rendement kan ik op termijn verwachten op mijn investering in het bedrijf? Hoe snel kan ik mijn hoofdsom terugverdienen?

Hoewel elk bedrijf kosten met zich meebrengt, kunt u in de tapijtreinigingsbranche snel winst maken als u een paar eenvoudige aanbevelingen opvolgt.

Uw bedrijfs- en marketingaanpak moet gericht zijn op het voldoen aan de eisen van uw klanten en hen omzetten in toegewijde volgers.

Uw trouwe klanten moeten de juiste opleiding krijgen om uw bedrijf bij hun vrienden aan te bevelen.

Deze vijf essentiële aandachtspunten bij het opstarten van een nieuwe tapijtreinigingsdienst zijn in werkelijkheid marketing- en managementvaardigheden voor kleine bedrijven die elke ondernemer moet beheersen. Als u de tijd neemt om uw bedrijf voor te bereiden op succes, kunt u succes boeken.

Met de juiste training kunt u met een kleine tapijtreinigingsdienst de omzet binnen een jaar verdubbelen door een paar kleine veranderingen door te voeren. Mensen willen graag betalen voor diensten waar ze zelf te druk of te onbekwaam voor zijn. Het stelt hen in staat verder te gaan met hun leven en hun passies na te jagen.

In ruil daarvoor vergoeden ze je naar behoren voor je voortdurende werk. Het verbetert als nieuwe diensten worden toegevoegd aan het rooster op basis van feedback van klanten en pakketupgrades. De levenslange waarde van uw klanten kan beginnen te stijgen naarmate u uw productaanbod diversifieert.

Vergeet niet dat een derde van de inkomsten van de meeste succesvolle tapijtreinigingsbedrijven afkomstig is van terugkerende klanten. Verwijzingsmarketingmethoden zijn dus essentieel voor winstgevendheid op lange termijn.

Onthoud dat als u het advies van doorgewinterde tapijtreinigingsprofessionals opvolgt, u een solide basis hebt voor het runnen van een winstgevend bedrijf. De aanpak is identiek aan die van een franchise, maar zonder de vereiste tienduizenden dollars. U kunt uw bedrijf opzetten en binnen de eerste maand geld beginnen te verdienen.

17. Ebooks schrijven.

Het maken en verkopen van ebooks is een van de zeer populaire manieren om geld te genereren op het internet. Veel mensen uit alle lagen van de bevolking verdienen hun brood met het maken en verkopen van e-boeken op internet.

Mensen zijn bereid te betalen voor informatie die hen welvarender, beter geïnformeerd en tevredener maakt. Elke dag zoeken veel mensen op het internet naar informatie die hun leven zal verbeteren.

Als u een computer met internetverbinding hebt, kunt u gemakkelijk uw eBook produceren en aanzienlijk geld verdienen door het online te verkopen.

eBook marketing is een succesvolle en onderhoudende methode om online geld te verdienen en vanuit huis te werken. Het is een bedrijf waarmee ondernemers met een beperkt kapitaal een winstgevende onderneming kunnen starten.

U bent niet verplicht om voorraad te voeren. Uw product is in digitaal formaat. Het vereist dus geen opslagruimte.

Klanten kunnen e-books rechtstreeks van het internet downloaden. Er zijn dus geen verzendkosten. Klanten krijgen het snel na het downloaden van uw website.

U kunt onbeperkte hoeveelheden van uw eBook verkopen zonder uit voorraad te raken. U slaat gewoon één exemplaar op uw website op, en klanten kunnen uw eBook snel downloaden nadat ze hun aankoop hebben afgerond.

Je kunt een verkoopbaar eBook ontwikkelen over elk onderwerp, zolang je het onderwerp begrijpt uit persoonlijke ervaring, studie, of beide.

Beslis eerst waarover je gaat schrijven. Je moet een actueel onderwerp kiezen. Je kunt niet zomaar over alles schrijven en verwachten rijk te worden. Je moet een product of dienst hebben waar mensen naar verlangen en bereid zijn voor te betalen.

Je moet marktonderzoek doen om te bepalen of er vraag is naar het onderwerp dat je in gedachten hebt. Dit is essentieel. Je wilt geen tijd, geld en moeite investeren in het genereren van een eBook dat geen succes is. Veel hulpmiddelen kunnen u helpen bepalen of uw product zal verkopen.

Nadat u hebt vastgesteld dat uw product succesvol zal zijn, is het tijd om het ebook, de website en de verkoopbrief te produceren. Vervolgens moet u een webhost te selecteren. Een webhost is een dienst die de servers waarop een website verblijft biedt.

Je moet mensen informeren over uw ebook. Daarom moet je markt. Reclame is essentieel voor het succes van uw bedrijf. U kunt bevorderen uw eBook met behulp van e-zine, online forums, pay-per-click advertenties, artikel authoring, blogs, en zoekmachine vermeldingen, onder andere kanalen. Zodra uw website live is, kunt u beginnen met het aantrekken van bezoekers.

Tegenwoordig is het verkopen van kennis in eBook formaat een van de meest fascinerende en lucratieve ondernemingen. Deze industrie heeft veel mensen zeer welvarend gemaakt. Ook u kunt een hoog inkomen genereren in deze miljardenmarkt. Alles wat je nodig hebt is de juiste informatie over hoe het moet en de wil om enkele eenvoudige richtlijnen te volgen.

Nadat u uw eerste eBook hebt gemaakt, zult u merken dat het genereren van uw tweede en vele andere eBooks steeds gemakkelijker wordt, en binnen een paar maanden kunt u vele eBooks hebben, die elk maand na maand, jaar na jaar geld voor u verdienen.

18. Betaalde enquêtes.

Betaalde enquêtes zijn een methode waarmee u geld kunt verdienen door enkele van de beschikbare online enquêtes in te vullen. Dit is een van de meest effectieve en eenvoudigste manieren om online geld te verdienen. Als je maandelijks extra geld nodig hebt, kun je lid worden van enkele online enquêtesites en hun instructies volgen om online geld te verdienen.

Het invullen van deze enquêtes vereist geen ervaring of expertise meer, dus iedereen kan zich bij deze sites aansluiten en geld verdienen. Dit is de beste kans om in zo'n korte tijd online geld te verdienen. Dit is echter niet iets voor u als u rijk wilt worden door betaalde enquêtes in te vullen.

Betaalde enquêtes kunnen niet resulteren in rijkdom op termijn. Het is echter wel een geweldige kans om elke maand online extra geld te verdienen dat kan worden gebruikt voor andere behoeften. Deze onderzoeken kunnen onderhoudend zijn en vergen niet veel tijd. U kunt ze in een paar minuten invullen en extra geld ontvangen.

Maar voordat u begint deel te nemen aan deze online betaalde onderzoeken, moet u een paar voorzorgsmaatregelen nemen om te voorkomen dat u geld verliest.

- In eerste instantie moet u zoeken naar de meest betrouwbare en gratis enquêtesites. Veel nieuwe sites vragen u om lid te worden en bieden u een aanzienlijk bedrag aan voor elke enquête die u invult. Deze websites zijn waarschijnlijk frauduleus en moeten worden genegeerd.

- Vervolgens moet u op zoek gaan naar een betaalde enquêtesite die u meer maandelijkse enquêtes biedt. Deze sites moeten u elke maand minimaal $50 opleveren. Er kan een groot aantal websites zijn die niet veel onderzoeken aanbieden. Ook kunnen sommige bedrijven u slechts 1-2 enquêtes per maand aanbieden. Deze websites kunnen u niet veel helpen. Daarom moet je ze vermijden.

- Ook moet u een online betaalde enquêtesite kiezen die goed gevestigd en gerenommeerd is. Een goede en gerenommeerde website zal u altijd helpen snel geld te genereren, en u zult de minste kans hebben om te worden opgelicht.

- Zorg ervoor dat u zich bij deze websites altijd aanmeldt met een e-mailadres zoals Yahoo of Gmail. U moet niet het e-mailadres van uw website of uw e-mailadres gebruiken. Dit kan uw privacy in gevaar brengen. Dat moet u dus vermijden.

Met deze en andere technieken kunt u gewoon online geld verdienen en de extra inkomsten in uw zak houden. Ook kunt u andere maandelijkse kosten betalen die aan het eind van de maand misschien moeilijk te betalen zijn.

19. FX Handel.

Hier volgt een voorbeeld van hoe u kunt profiteren van forex trading, zelfs als u slechts 40% van uw transacties wint.

Laten we een handelssituatie creëren.

Stel dat u tot de volgende conclusie komt:

U doet zaken van maandag tot en met vrijdag.

U verwacht 60% van uw transacties te verliezen en 40% te winnen.

U streeft naar risico:

Een risk-to-reward ratio van 1,0: 2,0 (d.w.z. u kunt verwachten $2 te ontvangen voor elke $1 die u riskeert).

U handelt op een microrekening van $300.

U riskeert niet meer dan 2% op elke transactie of aanvankelijk $6.

Met een microrekening kunt u met $6 (of 2% van uw rekening) stopverliezen instellen van 60 pips, waardoor de kans op een succesvolle transactie toeneemt. Bovendien is uw doel, op basis van onze risico-beloningsverhouding, om $12 te verdienen voor elke $6 die u riskeert.

Laten we eens kijken hoe dit voorbeeld van valutahandel uitpakt.

40% van de 20 handelsdagen per maand (aangezien wij van maandag tot en met vrijdag handelen) leveren winst op (8 handelsdagen). Voor de overige twaalf dagen verwacht u verliezen. Het winst/verlies scenario voor de volledige handelsmaand zou er als volgt uitzien:

PROFITS: $96 VERLIEZEN: $72 NETTO WINST: +$24 ROI: +8%.

Deze $24 netto winst op een $300 rekening vertegenwoordigt een ROI van 8% voor de hele maand. U kunt $24 beschouwen als een klein bedrag. Dat is ook zo. Maar kijk verder dan de monetaire waarde en bedenk wat u hebt bereikt.

Een maandelijks rendement van 8% komt overeen met een jaarlijkse ROI van 96%, wat betekent dat uw geld elk jaar ongeveer verdubbelt. Vergelijk dit met de minuscule 2% tot 3% die uw vriendelijke lokale bank jaarlijks betaalt.

Zelfs als u 60% van de tijd verliest op de valutamarkt, is het haalbaar om in een willekeurige maand 8% winst te verwachten.

Zelfs als u slechts één maand per kwartaal zou handelen, zou u nog steeds een jaarlijks rendement van 32% behalen.

Dat is zeker de moeite waard om in de gaten te houden! Kijk verder dan de feitelijke dollars en centen, want een microrekening is bedoeld om u te helpen verbeteren. Het gaat erom uw handelsvaardigheden aan te scherpen en uit te breiden! Zodra u regelmatig uw gewenste maandelijkse rendement behaalt, kunt u upgraden naar een standaard- of micro-account en enorme kapitaalwinsten genereren.

Voorbeeld: eerst en vooral een uitzonderlijke Forex handelaar worden. Oefen op demorekeningen, handel echt geld op micro- en/of minirekeningen als u daartoe in staat bent, en verfijn uw vaardigheden. Dan zult u veel geld verdienen op de forexmarkt.

20. Lijstopbouw.

Het opbouwen van een lijst en het e-mailen van uw opt-in lijst is de snelste methode voor het genereren van een maandelijks inkomen. In feite kun je met één klik op de knop van je autoresponder onmiddellijk duizenden mensen naar de website van je keuze sturen, of het nu gaat om een product van een partner of je eigen product.

De snelste manier om geld te verdienen op het internet is ongetwijfeld door een aanbieding naar uw lijst te sturen en onmiddellijke voldoening te ontvangen via e-mailwaarschuwingen "You Made a Sale".

Luister naar de master list builders. Volg het voorbeeld van individuen die geld verdienen op aanvraag in plaats van mislukkelingen te worden die voortdurend zeuren over hun gebrek aan financieel succes.

Maar hoe kan deze "drukknop" fantasie werkelijkheid worden? Ik bedoel, iedereen begrijpt dat het geld wordt verdiend door het hebben van een enorme opt-in lijst. Hoe vaak heb je gelezen "Het geld zit in de lijst"?

De woorden zijn helemaal waar. Het bezit van uw opt-in lijst is het meest waardevolle bezit voor uw bedrijf.

Een responsieve lijst van abonnees is vergelijkbaar met het bezit van uw geldautomaat. Wanneer een knop wordt ingedrukt, stroomt er geld uit.

Zodra u de kracht van deze marketingstrategie gebruikt, wordt uw hele organisatie ingesteld om automatisch terugkerende inkomsten te genereren.

Zelfs met een bescheiden lijst van 1.000 personen is het mogelijk vast te stellen dat elk abonnement 1,50 dollar waard is. Dit bedrag staat gelijk aan meer dan $1.500 per maand.

Wat zou u doen in uw leven als u elke maand 1.500 dollar extra had?

- Hoe groter de lijst, hoe groter het loon.
- De grootte van uw mailinglijst is recht evenredig met uw inkomen.
- Een lijst van 5.000 of 10.000 mensen kan worden samengesteld met behulp van enkele benaderingen voor het opbouwen van lijsten.

Het verdienen van $1 per abonnee vertaalt zich naar $5.000 tot $10.000 per maand alleen al door het e-mailen van uw lijst. Dit is het voordeel van een zeer responsieve lijst.

Maar HOE bouw je je lijst op?

In alle ebooks en speciale rapporten over het aantrekken van bezoekers naar je website om een zeer responsieve e-maillijst te genereren, is belangrijk materiaal weggelaten. De strategieën en geheimen werden niet genoemd of vereisten dure software of procedures die buiten het bereik van de gewone marketeer liggen.

Deze ondergrondse unie van hooggecompenseerde marketeers is niet van plan de ware sleutel tot het verdienen van enorme hoeveelheden geld via opt-in lijsten te onthullen. Door iets te beloven wat ze niet van plan waren te leveren, kregen ze enorme sommen geld van gewone marketeers.

Op wie kunt u vertrouwen?

- Eigenaren van websites met rubrieksadvertenties adviseerden dat dit de beste methode was om grote bezoekers te genereren.

- Volgens deskundigen van Google is dit de meest succesvolle techniek om verkeer en aanmeldingen voor uw opt-in website te genereren.

Het gebruik van een combinatie van alle toegankelijke methoden voor het genereren van verkeer is de meest effectieve strategie.

Om geld te verdienen, moet je leren verkopen.

Zodra de bezoeker uw opt-in pagina bereikt, echter, moet u de talenten van een copywriter om te verkopen aan de opt-in bezoeker. Dit is de ontbrekende schakel in alle geheimen die worden weggegeven, verkocht of verhandeld.

De inhoud van de opt-in pagina's van de toonaangevende goeroes is even boeiend als de inhoud van hun productpagina's. Hooggecompenseerde copywriters maken deze pagina's om een gunstige reactie van de bezoeker op te roepen. Hun taalgebruik appelleert aan de emotionele behoeften van het beoogde publiek. Je moet de bezoeker in minder dan 5 seconden overtuigen dat hij je product of dienst wil.

Het doel van de typische marketeer is het verspreiden van een rapport, maar tenzij uw webteksten goed ontworpen en boeiend zijn, zal de bezoeker zeer waarschijnlijk wegklikken van uw site.

Uw opt-in pagina is ineffectief als u niet weet hoe u de emoties en het intellect van de bezoeker moet aanspreken om hen te overtuigen hun persoonlijke informatie te verstrekken.

U moet alle voordelen aan de bezoeker meedelen op een manier die een positieve reactie uitlokt.

Het maakt niet uit hoe aantrekkelijk uw aanbod is als uw online tekst er niet in slaagt de bezoeker ervan te overtuigen dat hij uw product nodig heeft.

Zodra u de aandacht van de bezoeker heeft, moet u een goed geschreven vervolgbericht sturen. Het succes of het falen van uw e-mail marketing inspanningen zal afhangen van wat u geeft en hoe u het presenteert.

Er zijn meerdere componenten betrokken bij het opt-in proces als geheel. U moet over alle componenten beschikken opdat uw opt-in e-mailcampagne de gewenste resultaten oplevert.

De methode om inkomsten uit uw lijst te halen zou een gedetailleerd verslag vereisen, maar dat is het onderwerp van een ander essay en een andere dag.

Richt je op het vinden en beheersen van één of twee manieren om vandaag je lijst op te bouwen. Nadat je deze twee tactieken onder de knie hebt, moet je overgaan tot verdere strategieën voor verkeer en lijstgroei.

21. Fotografie.

Mensen vragen me vaak hoe ze zo snel mogelijk geld kunnen verdienen met hun digitale camera. Hoewel fotografie een kunst is die tijd kost om onder de knie te krijgen, zijn er een paar manieren om snel geld te verdienen. Zelfs een starter in digitale fotografie of een amateurfotograaf zal deze tips nuttig vinden.

Eerst moet u zich realiseren dat u niet op de eerste dag of zelfs de eerste week geld zult verdienen, maar zodra u deze concepten begrijpt, kunt u elke maand extra geld verdienen, en binnen de eerste maand zult u aanzienlijke winsten zien. Ik raad u aan te beginnen met het indienen van uw foto's bij microstock foto websites zoals Fotolia, Dreamstime, Bigstockphoto en Istockphoto.

U kunt echter beter niet naar Istockphoto gaan voordat uw foto's op andere websites zijn geaccepteerd. Bigstockphoto is waarschijnlijk de eenvoudigste van allemaal en keurt foto's relatief gemakkelijk goed. Zelfs als uw foto's worden afgekeurd, raak dan niet ontmoedigd; gebruik ze juist als motivatie om uw fotografie te verbeteren en foto's van hogere kwaliteit te maken.

Ik raad u aan om microstockfoto's te maken terwijl u andere evenementen fotografeert. Je moet je aanmelden bij deze sites voordat je verder gaat met andere fotoprojecten, omdat ze een aanzienlijk passief inkomen voor je kunnen genereren. Zelfs als je een bruiloft, seniorenportret of familieportret fotografeert, verdien je de hele dag door geld.

Draag altijd een camera bij je; je zult uiteindelijk een oog ontwikkelen voor wat verkoopt en wat niet op deze sites. Je krijgt slechts een paar dollar per gedownloade foto, maar als je duizenden foto's hebt zoals ik, zul je maandelijks aanzienlijke inkomsten zien.

U wilt ook dat uw naam bekend wordt. U zou er echt van opkijken hoeveel mensen in uw omgeving een fotograaf als u zoeken, maar niet van uw bestaan op de hoogte zijn. Hier zijn enkele van de manieren om het woord te krijgen over uw bedrijf en diensten:

Zet een website op met wat voorbeeldfoto's erop.

Zet een advertentie in de krant met het adres van de website en deel visitekaartjes uit aan plaatselijke bruidswinkels.

Neem je camera mee naar wedstrijden, bied aan om assistent te zijn van een trouwfotograaf, schrijf wat artikelen en link naar je site.

De keuzes zijn onbeperkt bij de marketing van je diensten, dus trek alles uit de kast. U zult veel werk ontvangen van de bovengenoemde technieken, dus zorg ervoor dat u uw taken dienovereenkomstig plant om niet overweldigd te worden. Het laatste wat u wilt is dat de kwaliteit van uw werk afneemt.

U zult ook moeten leren hoe u beelden correct kunt bewerken. Aangezien uw computer uw "digitale donkere kamer" is, zult u veel tijd besteden aan het bewerken van foto's, het veranderen van kleuren en tinten, en het verwijderen van ongewenste beelden.

Photoshop wordt algemeen beschouwd als het beste fotobewerkingsprogramma dat beschikbaar is. De meeste fotografen gebruiken het, maar probeer een alternatief als je het te duur of te ingewikkeld vindt. Paint Shop Pro heeft me het eerste jaar dat ik het gebruikte goed gediend. Maar uiteindelijk zul je besluiten om Photoshop aan te schaffen en te bestuderen.

22. Persbericht.

Een persbericht is een van de meest efficiënte manieren om dit te bereiken, maar er moet aan bepaalde voorwaarden worden voldaan om het succesvol te laten zijn.

Een paar jaar geleden begon mijn man met een gratis mailinglijst voor een onaangeboord marktsegment in Denemarken, waar we nu wonen.

Na een jaar besloten we het concept aan te passen. We zouden deze specialiteit omvormen tot een school en maandelijkse abonnementskosten in rekening brengen.

We schreven een persbericht om het publiek te informeren over de op handen zijnde komst van deze marktniche naar Denemarken, aangezien dit begrip tot dan toe onbekend was in Denemarken, maar wijdverbreid in het buitenland.

Het werd gepubliceerd in enkele kranten en publicaties, en we kregen zelfs online publiciteit.

Mensen zwermden uit naar onze verkooppagina, en er werden honderden abonnementen gekocht. Velen waren voor onze premium e-learning school, anderen voor onze gratis lijst.

Later boden we boeken op dit gebied aan zowel de gratis als de betaalde lijst aan, en veel abonnees van de gratis lijst werden uiteindelijk betalende studenten.

Overweeg iets nieuws.

Bij het schrijven van een persbericht moet je je eerst in de positie van de lezer verplaatsen. Wat zou de lezer willen weten?

De meeste mensen willen graag iets nieuws leren. Als er dus iets nieuws is aan uw product, kunt u dat perspectief gebruiken om misschien de belangstelling van de media te wekken en hen aan te moedigen erover te schrijven.

Stel niet een van die lange en oninteressante persberichten op die momenteel het internet overspoelen.

Niet meer dan driehonderd woorden zijn toegestaan. U kunt veel uitdrukken met slechts 300 woorden.

Maak het klaar voor gebruik.

Als een mediakanaal je persbericht gebruikt, zullen ze meestal een van hun journalisten vragen het te herschrijven; ze kunnen zelfs contact met je opnemen om meer vragen te stellen.

Om de eerste belangstelling voor je werk te wekken, moet je het zo schrijven dat het theoretisch drukklaar is.

Geef voorrang aan de meest boeiende inhoud. In plaats van "ik" te gebruiken in het persbericht, geef je een kort "interview" met jezelf. Zelfs subkoppen zijn toegestaan.

Verspreid je persbericht naar de juiste media.

Maak niet de fout om een kattenblad je persbericht te sturen over je nieuwe en verbazingwekkende e-book over hoe je een hond laat stoppen met blaffen. Selecteer de juiste media voor uw persbericht.

23. eBay.

eBay maakt het eenvoudig om thuis geld te verdienen als je snel geld nodig hebt. Als je eenmaal begrijpt hoe eBay werkt en weinig opstartkosten hebt gemaakt, is de sky the limit voor de uitbreiding van je bedrijf.

Hier zijn drie strategieën voor het kopen van voorraden die slimme eBay-verkopers gebruiken om voorraden te verwerven voor wederverkoop op eBay en waar de gemiddelde eBay-verkoper geen weet van heeft. Nu kun je op dezelfde manier als de grootste verkopers aan voorraad voor je eBay-transacties komen.

1. Winkel bij lokale eindejaarsuitverkopen en bedrijfssluitingen.

Dezelfde bedrijfspraktijken bestaan overal. Veel particulieren beginnen ondernemingen die mislukken. Wanneer een winkel instort, moet de voorraad worden geliquideerd. Deze verkoop van voorraden komt vaak voor. Gewoonlijk worden ze gepubliceerd in de plaatselijke krant.

Sommige veilingmeesters zijn echter gespecialiseerd in liquidaties op sommige locaties en houden wekelijks of maandelijks veilingen. Controleer uw lokale kranten en het internet.

2. Koop bij lokale liquidatieverkoop en veilingen.

Elke stad heeft veilinghuizen die grote en kleine voorwerpen verkopen, zoals auto's en kleding.

Veel andere kopers op een lokale veiling zullen detailhandelaren en/of eBay-verkopers zijn, zodat u te maken krijgt met hevige concurrentie. Dit betekent dat u moet vermijden dat u in het heden opgaat.

Ook zijn koopjes aan het eind van het seizoen ideaal om je eBay-winkel te vullen. In de Verenigde Staten is het misschien het einde van de zomer, maar op het zuidelijk halfrond begint de zomer, zodat je nog steeds miljoenen potentiële klanten hebt.

Designermerken verkopen altijd. Kijk naar de uitverkoop van designerartikelen, zoals kleding, accessoires en make-up. Controleer de complete aanbiedingen voordat u iets koopt, zodat u niet te veel betaalt.

Hier zijn enkele liquidatieverkopen en veilingen die u moet vermijden:

* Bied nooit meer voor een item dan u van plan was te bieden voordat de veiling begon;

* Breng alleen het bedrag mee dat u zich kunt veroorloven te besteden;

* Inspecteer de objecten, vooral kisten, voor de veiling;

* Bepaal de prijs waarvoor u elk object op eBay kunt doorverkopen;

* Houd rekening met transportkosten;

* Vergeet niet je producten zorgvuldig en veilig op te slaan als je ze op eBay zet.

3. Aankoop fabrikant seconden.

Seconds zijn producten die niet voldoen aan de kwaliteitscontrolecriteria van de fabrikant. Als een bedrijf bijvoorbeeld kleding vervaardigt, zijn secondanten artikelen waarvan de verfpartij de verkeerde kleur had of met andere gebreken.

De gebreken doen geen afbreuk aan de draagbaarheid van de artikelen, maar u moet ze wel opmerken wanneer u ze te koop aanbiedt. Uw kopers moeten worden geïnformeerd over de staat van het artikel waarop zij bieden; als u de gebreken in uw veilingadvertentie vermeldt, kunnen zij niet beweren dat u een artikel verkeerd hebt voorgesteld.

24. Marketingvideo's en videowebsites.

Een van de nieuwere manieren om online direct geld te verdienen is via marketingvideo's en videosites. Hoewel dit nog steeds een andere manier is om netto geld te verdienen, is het de laatste maanden in een stroomversnelling geraakt omdat steeds meer mensen hiernaar kijken als een levensvatbare manier om geld te verdienen.

Nu, als we het hierover hebben als een manier om geld te verdienen, moet je erkennen dat er wat voorwerk moet worden gedaan, maar laten we eerst en vooral het concept onderzoeken dat aan deze gedachtegang ten grondslag ligt.

Sommige mensen verkopen verschillende video's en boeken en beweren dat ze dagelijks een paar dollar tot een paar duizend dollar verdienen. Als u hun redenering volgt, kunt u dezelfde resultaten behalen.

Eerst en vooral, wanneer u video's commercialiseert, verkoopt u in de eerste plaats deze films online, waarvoor geen product nodig is. Alles wat u doet is gebaseerd op precies hetzelfde uitgangspunt als de affiliate marketeer; u bent de jobber die deze dingen namens hen verkoopt en een deel van de winst ontvangt.

U ontwikkelt belangstelling en opwinding rond het product en zorgt ervoor dat mensen gemotiveerd zijn om het in de eerste plaats te kopen; op dit punt eindigt uw taak en begint die van de fabrikant van het product.

Iedereen is betrokken bij wat het aanbiedt. Video websites zijn voordelig omdat gebruikers boeiend materiaal leveren. Beschouw het als een soort virale marketing op zich, en de kracht van de videosite is dat ze zich snel verspreidt wanneer de digitale roddelmachines in werking zijn.

Daarom is het genereren van wealth marketing films een no-brainer voor jou en alle anderen in de wereld, die allemaal aan hun trekken komen zodra ze beginnen.

De hoeveelheid geld die met deze websites en films kan worden gegenereerd is vrij groot, en naarmate het woord zich verspreidt en anderen hun producten beginnen te bouwen, zult u de beste producten kunnen selecteren en kiezen en de hoeveelheid geld die u ermee zult verdienen maximaliseren. Dit is een uitstekende methode om uw affiliate marketing carrière te starten; niets zou u moeten tegenhouden.

U moet enkele van de belangrijkste affiliate marketing principes en elementen aanpassen aan uw industrie en doelmarkt. Dit zijn de meest essentiële aspecten van videosite mogelijkheden en affiliate marketing. Dus begin uw carrière nu!

25. Gemengde onderneming.

Met joint ventures kunt u een winstgevend partnerschap aangaan met een ander individu. Dit is een belangrijke kans voor iedereen die een legitieme thuiswerkbaan zoekt. U kunt via een joint venture ook andere zakelijke ideeën voor uzelf opdoen. U moet elke persoon of firma die beweert dat u snel en gemakkelijk geld kunt verdienen goed onderzoeken, maar een joint venture kan de oplossing bieden die u zoekt.

U moet beslissen wat u met uw joint venture wilt bereiken, want u en uw partner kunnen er veel bij winnen, en als u het goed doet, kan het u een kans bieden om snel geld te verdienen. Vergeet niet dat het doel van joint ventures is dat beide deelnemers winst maken.

De meeste ondernemers gaan joint ventures aan om vier redenen. Ze kunnen een product dat u momenteel hebt, aanvullen en meer kennis opleveren over de behoeften van uw doelmarkt. Uw product kan beter verkopen als aanvulling op het product van een joint venture-partner. Dit helpt u in de toekomst bij het produceren van andere dingen om te verkopen.

Zoals eerder gezegd is geld verdienen niet altijd eenvoudig. U kunt nog steeds deelnemen aan een joint venture, zelfs als u geen product hebt. Joint ventures zijn samenwerkingsverbanden waarin beide partijen een bijdrage leveren. U kunt de meeste taken uitvoeren en gebruik maken van het resultaat van een ander. Wie niets anders bij te dragen heeft, is tevreden met dit systeem.

Deze samenwerkingsverbanden kunnen ook de geloofwaardigheid verbeteren van uw toekomstige strategieën om snel geld te verdienen. Uw joint venture partner heeft misschien al een groot aantal tevreden consumenten. Wanneer zij vervolgens via uw gezamenlijke verkoop kopen, worden zij uw klant. Hierdoor kunt u hen op de markt brengen voor toekomstige initiatieven die u heeft.

We weten allemaal dat een legitieme thuisbusiness terugkerende klanten nodig heeft. Uw nieuwe klanten hebben eerder bij uw partner gekocht en kopen nu uw nieuwe producten. Klanten zullen waarschijnlijk toekomstige producten kopen van andere bedrijfsideeën die u hebt in dezelfde branche.

U begint in te zien dat geld genereren gewoon kan, zolang u maar eerlijk blijft tegenover uw partner en de consument en een fantastisch product of dienst levert.

De derde doelstelling die u zou kunnen nastreven is het vergroten van uw marketingbereik. Joint ventures vergroten uw marketingbereik omdat klanten u eerder zullen vertrouwen en zich in de toekomst meer op hun gemak zullen voelen bij u te kopen. Zoals eerder gezegd, kunt u gebruik maken van klanten die uw joint venture partner al vertrouwen. Ook kunnen zij u doorverwijzen naar anderen die bij u willen kopen.

Het vierde principe kan uw bedrijfsideeën uitbreiden, omdat u onverwachte markten kunt betreden waar u snel geld kunt verdienen. Als u navraag doet, kunnen uw nieuwe consumenten meer producten noemen die u kunt leveren.

Deze methode om snel geld te verdienen kan u ook in een goede verstandhouding brengen met uw joint venture partner. Joint ventures zijn niet beperkt tot een enkel project. Als u uw helft van de afspraak nakomt en u beiden veel geld verdient, kan uw partner u betrekken bij een ander van hun bedrijfsideeën waarvan u kunt profiteren.

Alle hierboven genoemde bedrijven kunnen u legitieme thuiswerkmogelijkheden bieden, maar u moet grondig onderzoek doen naar de bedrijfsideeën die u wilt nastreven. U hebt misschien nog nooit van hen gehoord, en zij misschien ook niet van u. Aangezien een van jullie orders moet ontvangen, geld moet verwerken en instructies moet uitvoeren, moet er vertrouwen zijn.

Als u de lijst met contactinformatie van iemand anders gebruikt, kunt u zich aanzienlijke inspanningen getroosten. Zij beschikken misschien al over de nodige mechanismen om bestellingen en betalingen te aanvaarden. U kunt ook moeten wachten op betaling, aangezien dagelijkse betalingen niet altijd beschikbaar zijn; maandelijkse betalingen zijn waarschijnlijker. Dit kan langer duren omdat er een garantietermijn kan zijn voor de kopende klant.

Laat dit alles u niet verontrusten. Zoals we allemaal weten is het niet gemakkelijk om geld te verdienen, maar als uw mogelijke echtgenoot de expertise heeft, moet hij of zij ook ergens beginnen. Zij moeten op een gegeven moment hun vertrouwen in een ander persoon stellen.

Uw joint venture partner kan een zeer hectisch schema hebben en kan niet altijd tijd besteden aan een project dat hij of zij heeft opgezet. Een van de dingen die legitieme work-from-home bedrijven moeten doen is voortdurende hulp bieden aan bestaande klanten en tegelijkertijd nieuwe klanten werven. Sommige klanten zullen niet langer uw product kopen, dus moet u nieuwe klanten werven.

Extreem drukke ondernemers moeten hun klantenbestand uitbreiden. Daarom gaan ze samenwerkingsverbanden aan. Zij hebben een afgerond project en hebben iemand nodig die de resterende taken afmaakt.

Dit kan gedaan worden door een nieuwe ondernemer die zijn imperium aan het uitbreiden is. De nieuwe persoon verwerft nieuwe klanten door een product te verkopen, terwijl de bestaande ondernemer consumenteninformatie ontvangt om zijn lijst te helpen opbouwen.

Een joint venture kan alle betrokken partijen ten goede komen, zolang beide partijen er baat bij hebben. Veel plezier en succes met uw volgende project.

26. Online veilingen.

Heeft u ooit nagedacht over het aantal voorwerpen in uw bezit dat u niet meer gebruikt of begeert? U hebt waarschijnlijk verschillende interessante voorwerpen die stof verzamelen terwijl ze u en uw familie geld zouden kunnen opleveren.

Als u door uw huis gaat, denk dan twee keer na voordat u iets weggooit, want zelfs als het stuk is of in slechte staat, is iemand misschien nog bereid om u ervoor te betalen. U kunt zelfs plaatselijke garageverkopen bezoeken op zoek naar spullen die kunnen worden doorverkocht.

Dit is een fantastische kans om veel geld te verdienen, want u geeft praktisch een schijntje uit voor een artikel dat online vrijwel zeker voor meer zal worden verkocht.

Een ander voordeel van online veilingen is dat u verbonden bent met kopers uit de hele wereld, wat de kans aanzienlijk vergroot dat uw producten voor een hogere prijs worden verkocht dan verwacht. Dit is een geweldige methode om snel geld te verdienen, maar het kan gemakkelijk worden omgezet in een fulltime beroep dat een consistent maandelijks inkomen oplevert.

27. Verwijzingen.

Als je een klein beetje inkomen nodig hebt, wordt het tijd dat je aan de slag gaat. Als je je kaarten goed speelt, zul je snel geld kunnen verdienen op het internet, en dat kun je doen via verwijzingen.

Dit kan de kans zijn waarnaar je hebt gezocht als je een groot netwerk hebt of vertrouwen hebt in je vermogen om online reclame te maken om doorverwijzers met succes in te schrijven in een doorverwijzingsprogramma.

Ten eerste zal een verwijzingsprogramma je compenseren voor het doen van een specifieke activiteit. Je verdient echter meer geld door mensen door te verwijzen, en je profiteert ook van de activiteiten die zij uitvoeren.

Je wordt gecompenseerd via advertentie-inkomsten. Ze vergoeden je echter meer voor doorverwijzingen en betalen je meer als ze plaatsen.

Sommige websites betalen je bijvoorbeeld om op hun site te publiceren.

Dit is geen langetermijnregeling om geld te verdienen, tenzij je er werk van maakt. Mensen die zich inschrijven voor veel verwijzingsprogramma's verdienen meer dan elke maand zakgeld. Ze maken er een carrière van. Ze hebben vele honderden aanbevelingen onder zich. Bovendien hebben hun doorverwijzers nog meer referenties onder zich.

Bijgevolg is het haalbaar om snel geld te verdienen via aanbevelingen. Ook is het veel leuker om je lijn steeds langer te zien worden. Bijgevolg zal je bankrekening stijgen. Bedenk ook dat anderen geld verdienen omdat jij de kans met hen hebt gedeeld.

CONCLUSIE.

De vraag is hoe je binnen een maand snel en gemakkelijk veel geld kunt verdienen. Let op het vraagteken bij de conclusie. Er zijn vele perspectieven op dit specifieke onderwerp.

De onderliggende vraag is hoe je snel veel geld kunt verdienen. Laten we dat eens nader bekijken. Hier zijn enkele mogelijkheden om te onderzoeken. Kunt u typen? Dan kunt u werk zoeken als typiste.

Vind je het leuk om een uitstekende klantenservice te bieden? Overweeg dan om virtueel assistent te worden! Hou je van schrijven? Dan is een functie als copywriter misschien iets voor jou!

Hoe snel word je betaald, en wat is de vergoedingsschaal?

Word je dagelijks, wekelijks, tweewekelijks of maandelijks betaald?

Vergeet niet dat de loonschaal voor sommige van deze taken niet bijzonder groot is, dus je zult veel moeite moeten doen om zo snel mogelijk het geld te verdienen dat je nodig hebt. De volgende vraag die je jezelf moet stellen is of je bereid bent het werk te voltooien. Als het antwoord nee is, kunt u ervoor kiezen om verder te zoeken. Grote geldbedragen staan voor verschillende mensen voor verschillende dingen.

Hoeveel u kunt verdienen en hoe snel u betaald wordt, hangt af van uw vaardigheden, werk en betalingsregeling. De ene persoon kan $100 per keer als geld beschouwen, terwijl een ander $1000 per week als veel geld beschouwt. Bij het kiezen van het antwoord op deze vraag moet je bedenken dat een Virtuele Assistent goed gecompenseerd wordt, maar een grote verantwoordelijkheid draagt.

Probeer wat ik heb gedaan als je snel geld nodig hebt binnen een maand. Ik genereer vandaag meer geld dan in mijn vorige zaak, en dat kan jij ook, als je deze tot nu toe besproken ideeën om snel geld te verdienen onderschrijft.

Veel succes!

Managementvaardigheden voor managers.

1. Tijdmanagement voor managers
2. Werknemerscoaching voor managers
3. Teambuilding voor managers
4. Zelfvertrouwen voor managers
5. Onderhandelingsvaardigheden voor managers
6. Customer Service Vaardigheden voor Managers
7. Assertiviteit voor managers
8. Zakelijke etiquette voor managers
9. Luistervaardigheden voor managers
10. Leiderschapsvaardigheden voor managers
11. Communicatievaardigheden voor managers
12. Presentatievaardigheden voor managers
13. Stressbeheersing voor managers
14. Besluitvorming voor managers
15. Conflictbeheersing voor managers.

Serie: Financiële vrijheid op elke leeftijd.

- Financiële vrijheid bereiken in de 20
- Financiële vrijheid bereiken in de 30
- Financiële Vrijheid bereiken in uw 40er jaren
- Het bereiken van financiële vrijheid in uw 50er jaren
- Het bereiken van financiële vrijheid in uw jaren 60
- Het bereiken van financiële vrijheid in uw 70er jaren en daarna.
- Het bereiken van financiële vrijheid bij kinderen
- Het bereiken van financiële vrijheid bij tieners
- Financiële Vrijheid bereiken bij studenten.
- Financiële oplichting om op te letten bij pensionering.

Serie: Persoonlijke financiën voor jou.
- ➢ Crypto kopen en verkopen voor beginners
- ➢ Waarom beleggen in dividendaandelen zinvol is.

Serie: Rijkdom 2022.

- ➢ Online ondernemen.
- ➢ Uw eigen bedrijf starten
- ➢ Vermogensbeheer
- ➢ Passief inkomen.
- ➢ 12 stappen om een eigen bedrijf te starten.

Serie: Uitstekende klantenservice.
- ➢ Uitstekende klantenservice in de detailhandel
- ➢ Uitstekende klantenservice in fastfood
- ➢ Uitstekende klantenservice in full-service restaurants
- ➢ Uitstekende klantenservice in het onderwijs
- ➢ Uitstekende klantenservice in onroerend goed.
- ➢ Uitstekende klantenservice in een callcenter
- ➢ Uitstekende klantenservice als receptionist
- ➢ Uitstekende klantenservice in een hotel
- ➢ Uitstekende klantenservice in de verkoop.
- ➢ Uitstekende klantenservice, ongeacht de situatie.
- ➢ Uitstekende klantenservice bij de tandarts

- Uitstekende klantenservice in een medisch kantoor.

Serie: Snel geld.

- Snel geld in een week
- Snel geld verdienen in een weekend
- Snel geld in een maand
- Snel geld voor studenten.

Serie: Hoe promoten.

- Hoe uw receptenboek promoten
- Hoe uw kinderboek promoten.

Andere boeken van D.K. Hawkins.

- Hoe uw bedrijf bloeit tijdens een recessie
- Meerwaarde creëren voor klanten
- Kansen herkennen om de cashflow te verhogen.

Auteur Bio

D.K. Hawkins. D.K. leest graag persoonlijke zakelijke boeken en brengt graag tijd buiten door. Meer boeken zullen komen in deze collectie, dus volg op Amazon voor meer boeken.

Bedankt voor uw aankoop van dit boek.

Ik stel het echt op prijs en waardeer u, mijn uitstekende klant.

God zegene U.

D.K. Hawkins.

www.ingramcontent.com/pod-product-compliance
Lightning Source LLC
Chambersburg PA
CBHW070243220526
45465CB00004B/1497